CIENCIA
ASOMBROSA

Desliza y empuja

Un libro sobre rampas

por Michael Dahl   ilustrado por Denise Shea

Traducción: Sol Robledo

Agradecemos a nuestras asesoras por su pericia:

Youwen Xu, Profesora
Department of Physics and Astronomy
Minnesota State University, Mankato, Minn.

Susan Kesselring, M.A.
Alfabetizadora
Rosemount–Apple Valley–Eagan (Minnesota) School District

PICTURE WINDOW BOOKS
Minneapolis, Minnesota

Redacción: Jacqueline Wolfe

Diseño: Joseph Anderson

Dirección creativa: Keith Griffin

Dirección editorial: Carol Jones

Las ilustraciones de este libro se crearon con medios digitales.

Traducción y composición: Spanish Educational Publishing, Ltd.

Coordinación de la edición en español: Jennifer Gillis/Haw River Editorial

Picture Window Books

5115 Excelsior Boulevard

Suite 232

Minneapolis, MN 55416

877-845-8392

www.picturewindowbooks.com

Impreso en los Estados Unidos de América.

Library of Congress Cataloging-in-Publication Data

Dahl, Michael.

[Roll, slope, and slide. Spanish]

Desliza y empuja : un libro sobre rampas / por Michael Dahl ; ilustrado por Denise Shea ;

traducción: Sol Robledo.

p. cm. — (Ciencia asombrosa)

Includes index.

Originally published: Roll, slope, and slide. 2005.

ISBN-13: 978-1-4048-3226-8 (library binding)

ISBN-10: 1-4048-3226-2 (library binding)

ISBN-13: 978-1-4048-2525-3 (paperback)

ISBN-10: 1-4048-2525-8 (paperback)

1. Inclined planes—Juvenile literature. I. Shea, Denise. II. Title.

TJ147.D32518 2007

621.8'11—dc22   2006034351

Contenido

Tenemos vecinos nuevos en la casa de enfrente. Están bajando sus muebles pesados por unas rampas largas de metal.

Los niños nuevos juegan en el resbaladero del parque.

Todos usan rampas.

¿Qué es una rampa?

Una rampa es un tipo de plano inclinado. Un plano inclinado es una máquina simple de superficie plana con un extremo más alto que el otro. Las máquinas simples nos ayudan a realizar trabajo.

Las rampas nos ayudan a mover cosas pesadas de un lugar alto a uno más bajo, o de uno bajo a otro más alto. ¡También pueden ser muy divertidas!

Las rampas

Las rampas ayudan a los
animales a subir y a bajar
de los camiones y los remolques.

También hay rampas en las cintas transportadoras que llevan el equipaje a los aviones.

Los resbaladeros

Un resbaladero también es un plano inclinado. Nos permite ir rápidamente de un lugar alto a un lugar bajo.

Las fábricas usan resbaladeros para llevar paquetes de un piso a otro.

12

Las rampas de acceso

Las rampas también permiten que las personas y las mercancías entren y salgan de los edificios. Las personas en silla de ruedas, con carriolas o con carros de paquetería usan rampas para entrar y salir.

Pendientes suaves, pendientes empinadas

Los planos inclinados bajan de un extremo al otro. Si tienen una pendiente suave, es más fácil subir cosas.

Pero si tienen una pendiente empinada, es más difícil subir cosas por ellas.

15

El tráfico que sube y baja

La carretera es un plano inclinado cuando sube por las montañas o baja por los valles. La inclinación de la carretera permite que los carros vayan con facilidad de un lugar bajo a otro alto.

Las rampas para entrar y salir de la carretera son otro plano inclinado. Los carros y los camiones suben o bajan por las rampas para unirse al tráfico de la carretera.

Hacia abajo

Los planos inclinados protegen las casas. Si el techo no es inclinado, el agua de la lluvia se acumula. Eso causa goteras.

Los fregaderos, las tinas y las albercas tienen planos inclinados en el fondo. La pendiente hace que el agua se vaya por la coladera.

La montaña rusa

Mira cómo suben los carritos en las montañas rusas. Una rampa los lleva suavemente hasta arriba.

Weeeee!

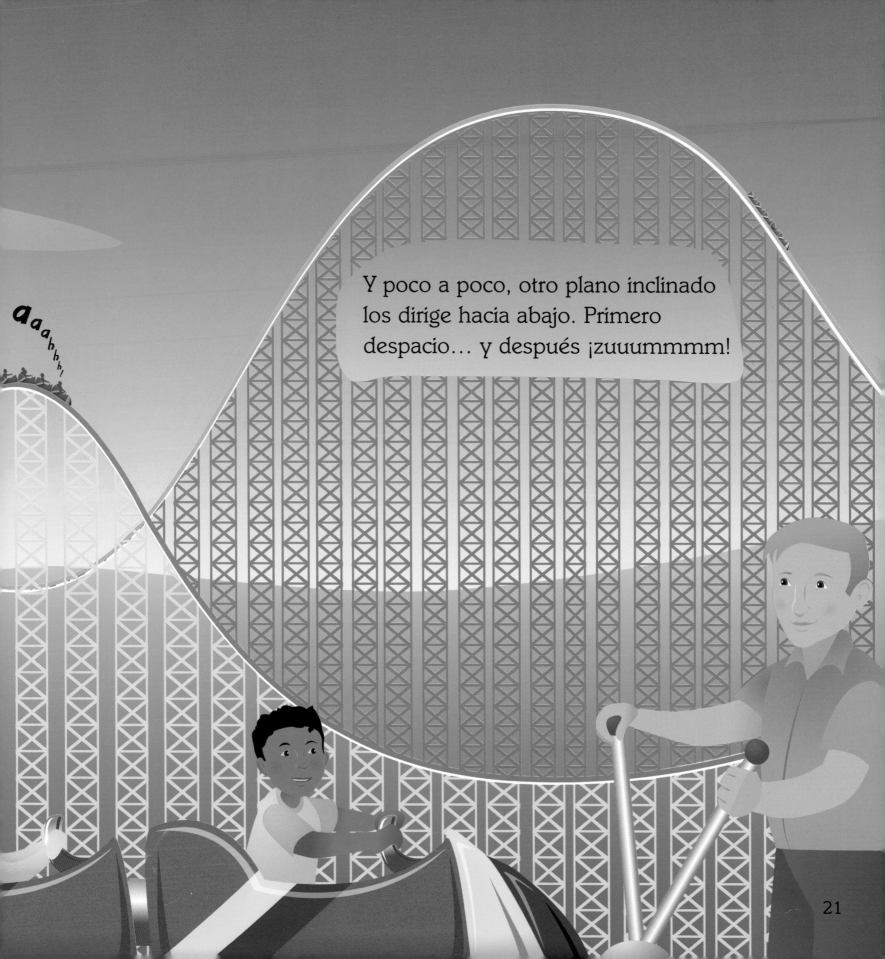

Y poco a poco, otro plano inclinado los dirige hacia abajo. Primero despacio… y después ¡zuuummmm!

Cómo nos ayudan las rampas

MATERIALES:

báscula de resortes

una pesa

una regla de 1 pie (30 centímetros)

una caja de zapatos

una regla de 1 yarda (91 centímetros)

PASOS:

1. Pon la caja de zapatos en la mesa.

2. Pon un extremo de la regla de 1 pie sobre la caja de zapatos y el otro sobre la mesa.

3. Pon la pesa sobre el extremo bajo de la regla.

4. Une la báscula de resortes a la pesa.

5. Mueve la pesa lentamente hacia la parte de arriba del plano inclinado para que llegue a la caja de zapatos.

6. Lee la báscula de resortes mientras subes la pesa.

7. Después cambia la regla de 1 pie por la regla de 1 yarda.

8. Repite los pasos 3 a 6.

PREGUNTAS:

1. ¿Qué observaste?

2. ¿Por qué crees que pasó eso?

3. ¿Qué crees que pasará si usas algo más corto que la regla de 1 pie o más largo que la regla de 1 yarda?

Datos curiosos

- Un plano es cualquier superficie plana, como una tabla, el piso o la superficie de una mesa. Inclinado significa que baja.

- La gravedad es la fuerza que atrae todo hacia el suelo. La rampas ayudan a empujar o mover cosas contra la gravedad.

- Las cuestas de las montañas son planos inclinados. Una cuesta empinada hace que la máquina de un carro o de un camión trabaje más al subir una rampa.

Glosario

cuesta—terreno inclinado

gravedad—fuerza que atrae los objetos hacia el suelo

mercancías—objetos para comprar y vender

pendiente—inclinación hacia arriba o hacia abajo

plano inclinado—máquina simple de superficie plana con un extremo más alto que el otro

rampa—tipo de plano inclinado que ayuda a realizar trabajo. Es una superficie plana que siempre tiene un extremo más alto que el otro.

Aprende más

EN LA BIBLIOTECA

Freeman, Marcia S. *Sube o baja.* Vero Beach, FL: Rourke, 2006.

Mezzanotte, Jim. *Cómo funcionan las rampas, las cuñas y los tornillos.* Minneapolis, MN: Lerner Publishing, 2006.

Walker, Sally M., Feldmann, Roseann y King, Andy. *Planos inclinados y cuñas.* Minneapolis, MN: Lerner Publishing, 2005

EN LA RED

FactHound ofrece un medio divertido y confiable de buscar portales de la red relacionados con este libro. Nuestros expertos investigan todos los portales que listamos en FactHound.

1. Visite *www.facthound.com*
2. Escriba una palabra relacionada con este libro o escriba este código: 1404813047
3. Oprima el botón FETCH IT.

¡FactHound, su buscador de confianza, le dará una lista de los mejores portales!

ÍNDICE

BUSCA MÁS LIBROS DE LA SERIE CIENCIA ASOMBROSA:

Corta y para: Un libro sobre cuñas

Enrosca y une: Un libro sobre tornillos

Levanta y abre: Un libro sobre palancas

Llantas y rayos: Un libro sobre ruedas y ejes

Sube y baja: Un libro sobre poleas